Frères et Sœurs

Coincés
ensemble,
aussi
bien vous
entendre

MIDI
trente
ÉDITIONS

Catalogage avant publication de Bibliothèque et Archives nationales du Québec et Bibliothèque et Archives Canada

Crist, James J.

[Siblings. Français]

Coincés ensembles, aussi bien s'entendre

Traduction de : Siblings.

Pour les jeunes de 8 à 13 ans.

ISBN 978-2-923827-58-2

1. Frères et sœurs - Ouvrages pour la jeunesse. 2. Familles - Ouvrages pour la jeunesse. I. Verdick, Elizabeth. II. Titre. III Titre : Siblings. Français.

BF723.S43C7414 2015   j306.875   C2014-942820-0

Auteurs : James J. Crist et Elizabeth Verdick
Illustrateur : Steve Mark
Traduction et adaptation : Jacinthe Cardinal

MIDI trente
ÉDITIONS

Tous droits réservés
© Éditions Midi trente
www.miditrente.ca

ISBN : 978-2-923827-58-2
Imprimé au Canada

Dépôt légal : 1ᵉʳ trimestre 2015
Bibliothèque et Archives nationales du Québec
Bibliothèque et Archives du Canada

*Société
de développement
des entreprises
culturelles*

Québec 🍁🍁🍁🍁

Les Éditions Midi trente remercient la SODEC de son soutien.

Gouvernement du Québec –
Programme de crédit d'impôt pour l'édition de livres – Gestion SODEC

Nous reconnaissons l'aide financière du gouvernement du Canada par l'entremise du Fonds du livre du Canada (FLC) pour nos activités d'édition.

DÉDICACES

Aux jeunes qui m'ont parlé de leurs problèmes avec leurs frères et sœurs et qui m'ont permis de les aider. J'espère aider d'autres enfants dans la même situation. À mes frères et sœurs — je vous aime plus que je ne saurais le dire.

- JC

À Oliver et à Zack, pour tout ce que vous vous enseignez l'un à l'autre et pour ce que vous m'enseignez à moi. À mes sœurs, Suzanne et Erica, et à mon frère Mark, les meilleurs frères et sœurs au monde.

- EV

TABLE DES MATIÈRES

UN MESSAGE POUR T-O-I

Hê, toi.
Toi, là !
Oui, tu as compris.
Je m'adresse à TOI,
qui lit ce livre.

Ce livre parle des frères, des sœurs et des manières de mieux s'entendre. Toutes les relations entre frères et sœurs connaissent des hauts et des bas, des accrocs et des détours, et aussi quelques AAAAHHH! (Comme dans les montagnes russes.) Mais tu peux adoucir tout ça et avoir davantage de plaisir. Nous avons écrit ce livre pour t'y aider.

Il serait vraiment chouette que ton frère ou ta sœur lise aussi ce livre, mais ce ne sera peut-être pas le cas. Peut-être ne sait-il même pas lire encore! Ou peut-être laisseras-tu ce livre dans un endroit où il est évident qu'il va le trouver — *indice, indice !!!* — sans succès. Ce n'est pas grave. De toute façon, ce message est pour TOI.

Tu vis dans une famille… et ta famille est un lieu d'entraînement qui permet d'apprendre à mieux vivre avec les autres. Bien s'entendre avec les autres peut représenter un défi — et ce, peu importe que ta famille soit extraordinaire ou pas. Tu auras besoin de pratique et de patience.

Toutes les idées présentées dans ce livre dépendent de TOI. C'est simple : mieux s'entendre avec les autres, c'est d'abord être au meilleur de soi-même, à **TON** meilleur. (C'est bête, mais c'est ça.) Il y a probablement quelques petites choses que tu aimerais changer dans tes relations avec tes frères et sœurs. Eh bien, la seule personne au monde que tu es capable de changer, c'est TOI. Les nouvelles manières de parler ou d'agir que **TU** décideras d'adopter pourront ensuite inspirer tes frères et sœurs — et peut-être même le reste de la famille.

Tu peux te donner une petite tape dans le dos — et être fier de toi ! Tu mérites une bonne main d'applaudissement pour ce que tu t'apprêtes à faire.

PETIT QUIZ

Qu'est-ce que la fratrie?

1. un enfant qui aime un peu trop la bijouterie

2. un petit parasite qui gigote jour et nuit

3. l'ensemble des frères et sœurs d'une famille

4. un synonyme de truie

5. quelqu'un qui est là pour toi dans les hauts et les bas – et parfois pour toute la vie

RÉPONSE : 3 (assurément) et 5 (espérons-le).

Mais si ton frère porte beaucoup de bijoux, si ta sœur s'insinue toujours un peu partout, tu as peut-être répondu 1 ou 2, et tu aurais eu raison.

Peu importe que ton frère ou ta sœur soit exubérant(e), agaçant(e) ou juste vraiment étrange, il ou elle fait partie de ta famille. La famille, c'est pour la vie. Cela signifie que tu as un **LIEN** avec tes frères et sœurs — et que tu dois tout faire pour te **LIER** avec eux. Ce livre va te montrer comment.

FAIS-TU LE LIEN?

Tes frères et sœurs et toi partagez un ou deux parents. Ceci dit, les familles viennent en plusieurs modèles — aucune n'est identique à une autre. Chaque famille a sa propre géométrie, un peu comme un casse-tête unique et original. Tu as peut-être…

Un frère ou une sœur biologique

Alors. Ton ou tes frères, ta ou tes sœurs et toi avez le même père et la même mère.

Un demi-frère, une demi-sœur

Le terme « demi » signifie que ta fratrie et toi ne partagez qu'un seul parent biologique. Vous avez peut-être la même mère, mais un père différent. Ou l'inverse.

Un frère ou une sœur par alliance

Tu as des frères et sœurs par alliance si ton père ou ta mère a un nouveau conjoint qui a déjà des enfants. Ce nouveau conjoint devient ton beau-père (si c'est une femme, c'est une belle-mère !) et les enfants de cette personne sont tes frères et sœurs par alliance. Même si l'alliance n'est peut-être pas facile à créer avec ces nouveaux venus, apprendre à mieux t'entendre avec eux rendra assurément ta vie moins stressante et plus amusante.

Un frère ou une sœur adopté(e)

Un enfant adopté peut avoir n'importe quel âge et être de n'importe quelle origine, une fois qu'il entre dans ta famille, vous devenez frère et sœur. Même si vous n'êtes pas lié par la naissance ou par le mariage de vos parents, vous faites maintenant partie de la même famille.

Certains parents choisissent aussi parfois de prendre soin d'enfants qui ont besoin d'un foyer stable. Ce sont des familles d'accueil. (Si tes parents prennent ce genre de décision, tu auras alors un frère ou une sœur en famille d'accueil pendant un certain temps…) Si les parents décident d'adopter cet enfant, il devient alors un membre de la famille pour toujours.

Ta famille peut être grande ou petite — il n'y a pas de « bonne » sorte de famille. Ce qu'il faut retenir, c'est que tes frères et sœurs et toi, vous êtes liés de plus d'une manière (et pas seulement par le fait de partager des parents).

- Vous partagez des expériences et des souvenirs communs.

- Vous vivez probablement dans la même maison, au moins à certains moments.

- Vous êtes liés par... l'amour ! (Attention, pas de blague. L'amour est là. En tout cas, il pourrait l'être.)

Étrange, mais VRAI

La relation que tu as avec ton frère ou ta sœur pourrait être la plus L-O-N-G-U-E relation que tu auras dans ta vie. Penses-y! Non seulement vous grandirez ensemble, il est bien possible que vous vieillissiez ensemble également.

Lorsque vous serez plus grands, vous pourrez vous visiter, célébrer les fêtes ou même voyager ensemble. Si vous avez des enfants un jour, ils seront cousins — et ils deviendront peut-être des amis pour la vie eux aussi.

UN FRÈRE, UNE SŒUR, À QUOI ÇA SERT ?

Si tu n'avais ni frère, ni sœur, ta vie serait certainement différente — mais pas nécessairement meilleure. C'est parce qu'un frère ou sœur peut être…

TON COPAIN

TON allié (quelqu'un qui est de ton côté)

TON assistant

TON CONFIDENT

TON protecteur

TON Mentor (quelqu'un qui te guide)

TON modèle !

7 CARACTÉRISTIQUES DES FRÈRES ET SŒURS

1. Ils sont là pour toi.

Quand tu veux jouer, sortir, blaguer, parler ou juste avoir de la compagnie, tu n'as pas besoin d'appeler un ami — il y a quelqu'un à la maison. Tes frères et sœurs sont près de toi dès le matin et jusqu'à tard le soir, à des moments où il n'est pas nécessairement possible d'être avec tes amis. Ils sont présents aussi dans les moments les plus étranges, par exemple lorsque ta tante Berthe te raconte de longues histoires ennuyantes sur ses chats.

Mais le plus chouette, c'est qu'ils sont souvent avec toi dans les meilleurs moments : les congés scolaires, les anniversaires, les vacances et les fêtes en famille.

2. Ils peuvent t'aider.

Tu veux un conseil ? Tu as besoin d'aide pour t'acquitter de tes tâches ménagères ou pour terminer tes devoirs ? Tu as un problème que tu es incapable de résoudre tout seul ? Demande à ton frère ou à ta sœur de t'aider. Il peut représenter une excellente ressource pour toi, surtout si tu es prêt à l'aider en retour. Les frères et sœurs plus âgés peuvent offrir de bons conseils, puisqu'ils ont souvent vécu les mêmes situations auparavant, tandis que les plus jeunes peuvent s'avérer excellents pour écouter ou pour remonter le moral.

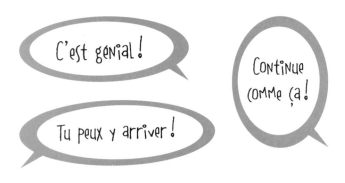

3. Ils te connaissent vraiment.

Même tes meilleurs amis ne connaissent pas toutes les facettes de ta personnalité. Ils ne savent peut-être pas comment tu es au réveil, ou pendant une mauvaise journée, ou quand tu pleures toutes les larmes de ton corps en regardant un film triste. Mais tes frères et sœurs savent, eux. Parce qu'avec eux, tu es totalement toi-même (et ils t'aiment quand même).

4. Ils partagent certaines choses avec toi.

Un des bons aspects de la vie avec des frères et sœurs est de pouvoir partager des jeux, des appareils électroniques, des équipements de sport et des livres. Si ton frère est plus grand (ou plus costaud) que toi, tu hériteras peut-être de ses vêtements. S'il est plus jeune, tu peux t'amuser avec ses jouets (même si tu as dépassé l'âge) ou faire des activités habituellement destinées aux plus jeunes (peinture à doigts à volonté, personne ne posera de questions !). Vous pouvez partager autre chose aussi : vos secrets, vos rêves, vos espoirs, vos peurs.

5. Ils fournissent des neurones supplémentaires.

Tu as parfois besoin de soutien pour terminer un devoir ou un projet scolaire. À d'autres moments, il peut être utile d'avoir quelqu'un pour t'aider lorsque tu t'entraînes à développer de nouvelles habiletés sportives. Tu as peut-être des difficultés à atteindre un but ou à résoudre un problème. Si ton frère ou ta sœur réfléchit avec toi, tu as accès à deux fois plus de neurones que lorsque tu travailles tout seul. Et en plus, il peut être vraiment amusant de s'entraider.

6. Ils t'aident à grandir.

La relation que tu entretiens avec tes frères et sœurs t'enseigne beaucoup sur toi-même et sur le monde. Tu apprends à gérer les émotions fortes comme la colère ou la déception. Tu vois comment tes mots peuvent affecter les autres personnes. Et tu découvres que tout le monde a besoin d'un petit quelque chose appelé « amour inconditionnel ». (Cela signifie que les autres t'aiment peu importe ce que tu fais.)

7. Ils te protègent et te servent de modèle.

Il se peut que ton frère t'accompagne au parc. Ou que ta sœur soit un modèle pour toi, une source d'inspiration pour atteindre tes buts. Il est possible que tes frères et sœurs t'enseignent de nouvelles habiletés — ou que tu leur en enseignes. Une des choses les plus chouettes dans le fait d'avoir des frères et sœurs est que tu sais qu'ils sont là pour toi (et vice-versa). C'est excellent pour la confiance !

TOUT EST EN ORDRE !

VRAI OU FAUX. Avant votre naissance, tes frères et sœurs et toi avez joué à roche-papier-ciseau pour décider qui allait naître en premier.

RÉPONSE : Vrai!

Bien sûr que non! C'est faux. Personne ne peut choisir le moment de sa naissance. Mais l'ordre des naissances dans ta famille peut influencer la manière dont tu vois tes parents, tes frères et sœurs, le monde… et toi-même.

> Il est L'AÎNÉ. C'est lui le meilleur.

> MON PETIT FRÈRE me copie tout le temps. Arrêtez-le !

As-tu déjà remarqué que l'ordre des naissances — aîné, cadet, benjamin — joue un rôle dans la manière dont vous vous entendez (ou pas) les uns avec les autres ? Tu trouveras quelques idées sur ce sujet dans les pages suivantes. Lis-les pour voir si ce que tu y apprends correspond à ce que tu vis dans ta famille. Mais souviens-toi : aucune position n'est meilleure qu'une autre. Elles sont simplement différentes et chacune d'elles a ses avantages et ses inconvénients.

> Je suis l'enfant du milieu — personne ne se préoccupe de moi.

> Elle sera toujours la plus VIEILLE : elle fera toujours tout la première.

> Pourquoi mon frère le PLUS ÂGÉ peut-il se coucher plus tard ? C'est injuste !

> C'est le BÉBÉ. Tout le monde le surprotège.

Note : Si tu as plusieurs frères et sœurs ou si vous avez une grande différence d'âge, les informations qui suivent ne correspondront pas nécessairement à ta réalité. Être le seul garçon ou la seule fille dans la fratrie peut également changer la donne.

LE PLUS VIEUX
(OU L'AÎNÉ)

> **66** *Être le plus vieux, c'est à la fois bon et mauvais. C'est sûr que je peux me coucher plus tard et obtenir davantage de privilèges. Par contre, alors que j'étais habitué à avoir mes parents pour moi tout seul, je dois maintenant les partager avec mes jeunes frères et sœurs.*
>
> - Garçon, 10 ans* - **99**

L'aîné est le premier enfant de ses parents. Comme il n'a ni frère, ni sœur, au début, il bénéficie de toute l'attention de ses parents. Tout ce qu'il fait — ses premiers pas, sa première journée à la garderie, la perte de sa première dent — représente un grand événement pour ses parents, puisque c'est nouveau pour eux. Le premier-né se sent souvent spécial, puisqu'il n'a pas à partager ses parents (jusqu'à la naissance d'une frère ou d'une sœur, du moins). Les aînés sont souvent des personnes qui aiment les responsabilités — peut-être parce qu'ils sont habitués d'impressionner leurs parents ou de s'occuper des plus jeunes.

*Les citations d'enfants sont véridiques. Elles ont été recueillies par les auteurs auprès de « vrais » enfants.

Plusieurs aînés...

☑ Souhaitent faire les choses parfaitement

☑ Sont très performants

☑ Aiment être des leaders

☑ Veulent faire plaisir aux autres

☑ Prennent soin des autres

☑ Sont plus sérieux et responsables

Lorsqu'un deuxième enfant naît, le premier-né n'est pas nécessairement ravi de la situation. Après tout, ses parents sont maintenant plus occupés et ils ont davantage de responsabilités. Il est plus difficile d'obtenir leur attention. Même si les parents disent qu'ils ont assez d'amour pour deux enfants (ou plus!), les enfants ne les croient pas toujours. C'est là que le monstre de la jalousie se montre le bout du nez. (Pour en savoir plus sur la jalousie, va voir aux pages 55 à 60 — et verrouille la porte!)

L'ENFANT DU MILIEU
(OU LE CADET)

> **"** *Quand tu es au milieu, tu es comme « entre deux ». Je n'ai pas droit aux mêmes privilèges que mon frère aîné, mais je ne suis pas traité comme un bébé comme ma jeune sœur. Je me sens parfois mis de côté, mais je peux aussi faire ce que je veux. Par exemple, s'il n'y a que mon frère ou ma sœur à mes côtés, je peux jouer le rôle du plus vieux ou du plus jeune, selon la situation.*
>
> - Garçon, 11 ans - **"**

Ce n'est pas facile d'être « l'enfant du milieu ». Tu ne bénéficies pas des mêmes privilèges que tes aînés et tu n'obtiens probablement pas autant d'attention que les plus jeunes de la famille. Difficile de se sentir spécial dans ces conditions, n'est-ce pas ? As-tu parfois l'impression de devoir lutter pour que les autres se rappellent de ton existence ?

La manière dont tu es comme cadet de la famille peut dépendre de la façon dont tu vois tes frères et sœurs plus âgés. Si tu crois qu'ils sont plus forts ou plus intelligents, tu penseras peut-être que tu ne peux pas compétionner avec eux, alors tu tenteras de te montrer différent ou de ne te fier qu'à toi-même. Si tu es jaloux d'eux, tu essaieras peut-être de les agacer juste pour rendre leur vie impossible. D'un autre côté, si tu as une bonne relation avec tes aînés, tu pourrais être tenté d'essayer de leur ressembler.

Plusieurs cadets de famille...

- ☑ Essaient d'aider les autres à résoudre leurs conflits
- ☑ Sont indépendants
- ☑ Sont plus relaxes et détendus
- ☑ Sont amicaux et s'entendent bien avec les autres
- ☑ Ne tiennent pas tant que ça à plaire aux autres
- ☑ Peuvent être moins motivés à réussir à l'école

Être le cadet a ses avantages : tu peux apprendre à t'entendre à la fois avec les plus vieux et avec les plus jeunes que toi.

LE PLUS JEUNE
(OU LE BENJAMIN)

> 66 *Je suis la plus jeune d'une famille de trois filles. Parfois, je me sens laissée pour compte. Mes sœurs sont plus vieilles, alors elles peuvent faire plus de choses et elles partagent les mêmes expériences. Je suis toujours en train d'essayer de les rattraper.*
>
> - Fille, 13 ans - 99

Le plus jeune est souvent considéré comme le bébé de la famille, et ce, pendant longtemps.

Si tu es perçu comme le bébé, les membres de ta famille te traitent peut-être comme un petit enfant. Tes parents ne semblent pas remarquer que tu as grandi, même si cela est évident.

D'un autre côté, être le « bébé » te procure un traitement royal : tout le monde t'apprécie et te protège. (Ce n'est pas si désagréable !)

Quoiqu'il en soit, les plus jeunes ont quelque chose en commun : leurs parents sont souvent plus relaxes et expérimentés quand ils viennent au monde. Moins d'inquiétude pour les parents = moins de pression pour les enfants !

Plusieurs benjamins...

- ☑ Aiment être le centre d'attention
- ☑ Sont les clowns de leur classe
- ☑ Sont extravertis, sociables et charmants
- ☑ Ont besoin de faire leurs preuves
- ☑ Recherchent les compliments et les encouragements
- ☑ Sont capables de persévérer
- ☑ Sont affectueux

Peu importe que tu sois le plus vieux, le plus jeune ou au milieu, tu n'as pas à agir d'une manière en particulier. Tu es une personne à part entière et tu peux choisir comment penser et agir.

Si tu te reconnais un peu dans les listes que tu viens de lire et que tu aimes ça, c'est super ! Si tu as l'impression que tu comprends un peu mieux tes frères et sœurs, c'est chouette aussi. Si tu souhaites réaliser certains changements en toi-même ou dans ta relation avec tes frères et sœurs, c'est le but de ce livre. Quoiqu'il en soit, continue de lire. Ce faisant, réfléchis à la manière dont l'ordre des naissances dans ta famille peut avoir un impact sur tes relations avec tes frères et sœurs.

10 SITUATIONS ÉPINEUSES

(ET ASTUCES POUR EN SORTIR)

Les enfants affirment
qu'ils en ont assez...

des querelles **des batailles**

des taquineries du rapportage

de la compétition

des plaintes

des mensonges

de l'espionnage

des injustices

des ordres

des désaccords

de l'asticotage

1. CE N'EST PAS JUSTE !

(Tes parents semblent prendre parti
ou avoir un favori.)

> " *Mon frère s'en tire toujours !*
> *C'est toujours moi qui est blâmé, même*
> *quand c'est LUI qui commence ! Cela me rend*
> *encore plus en colère contre lui.*
> - Garçon, 8 ans - "

Tu penses peut-être que ta sœur obtient toujours tout ce qu'elle veut et qu'elle n'est pas punie aussi souvent que toi. Si elle est plus vieille que toi, tu as peut-être l'impression qu'elle mène la danse. Si au contraire elle est plus jeune, tes parents disent peut-être qu'elle « fait de son mieux ». Est-ce injuste ?

As-tu déjà entendu un adulte dire :

La VIE est injuste !

Tu as probablement pensé :

Bien sûr, voilà qui m'aide BEAUCOUP.

Aucune situation n'est juste à 100 % — c'est impossible. La vie est plus complexe qu'une pointe de tarte qu'on sépare en parties égales. Même si tout était toujours équitable, tu ne te sentirais pas nécessairement mieux. Pourquoi ? Parce qu'au fond d'eux-mêmes, tous les enfants d'une famille souhaitent obtenir un peu plus que leur part. Plusieurs enfants aimeraient être le préféré, au moins une fois de temps en temps. C'est bien normal.

Peu importe les efforts que font tes parents pour vous traiter de manière équitable, tes frères et sœurs et toi, tu penses peut-être que c'est insuffisant. Passes-tu beaucoup de temps à « tenir les comptes », à vérifier qui a obtenu le plus (ou le moins) ? Si oui, on peut imaginer que tu perds du temps que tu pourrais plutôt utiliser pour te développer et pour avoir du plaisir. Cela signifie que tu n'es pas juste envers **TOI-MÊME**.

- Sois flexible -

Si tes frères et sœurs semblent obtenir davantage d'attention de la part de maman et papa, arrête-toi un moment et demande-toi pourquoi. Ont-ils besoin de plus d'aide? Ont-ils plus de difficultés que toi? Sois flexible (ou prêt à changer) — et accorde-leur le bénéfice du doute. La flexibilité te sera utile à la maison, à l'école et même sur un terrain de jeu! Mieux, offre à ton frère la chance de gagner de temps en temps. Tu peux lui laisser la plus grosse pointe de pizza, lui permettre de s'asseoir dans le meilleur fauteuil ou d'être le premier à jouer à un jeu. Qu'est-ce que cela t'apportera? Vous commencerez à mieux vous entendre, et ça, c'est *cool*.

 Si, malgré tes observations, tu ne comprends toujours pas pourquoi tes parents semblent injustes, parles-en avec eux. Reste calme, sois honnête et dis ce que tu aimerais changer.

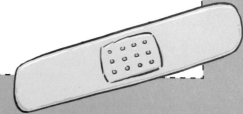

Plan d'action

Si tes frères et sœurs et toi avez souvent des disputes et que vous avez du mal à trouver un terrain d'entente, demandez à un membre de la famille d'agir comme médiateur. (Un médiateur aide à trouver des solutions qui conviennent à tout le monde lors des mésententes.)

Voici les quatre étapes que peut suivre le médiateur.

1. ÉCOUTER chacune des personnes impliquées raconter sa version de l'histoire et reformuler à voix haute afin de s'assurer d'avoir bien compris.

2. DEMANDER à chacun quelles sont les solutions possibles au problème. Écrire chaque solution afin que tout le monde puisse les voir.

3. CHOISIR les deux meilleures solutions et demander aux personnes impliquées si elles sont d'accord pour les essayer. (Si personne ne peut s'entendre, c'est le médiateur qui tranche.) Le médiateur demande à tous de se serrer la main afin de montrer qu'ils sont prêts à faire la paix.

4. ESSAYER les solutions sélectionnées pour voir si elles fonctionnent. Si non, recommencer le processus de médiation.

2. RENDS-LE MOI !

(Vous vous chamaillez pour vos affaires.)

Ce peut être vraiment chouette de pouvoir partager et emprunter les affaires de tes frères et sœurs — mais pas s'ils ont certaines mauvaises habitudes…

» briser les objets, ne pas les rendre

» utiliser tes affaires (papier, shampoing, accessoires) sans t'en aviser

» lire tes livres et te les redonner tout collants ou déchirés

» emprunter tes vêtements et te les rendre vraiment puants

» perdre tes affaires, puis blâmer les autres : ton autre sœur, toi ou le chien

» s'attendre à ce que tu partages (mais ne pas partager en retour)

» ne jamais prendre la peine de demander la permission

Tu tiens à tes affaires — et elles méritent d'être traitées avec respect. (Tout comme toi.)

Si ton frère ou ta sœur entretient une des mauvaises habitudes citées à la page précédente, parles-en. Aborde le sujet avec ton frère, ta sœur, ton père ou ta mère. Une réunion familiale peut aider. Va voir aux pages 71 à 73 pour en savoir plus.

Si **TU** es celui qui a de mauvaises habitudes, il est grand temps de changer. Traite les affaires des autres comme **TU** aimerais qu'on traite les tiennes. Dès aujourd'hui.

- Donne l'exemple -

Demande toujours la permission avant d'utiliser les affaires de tes frères et sœurs — ils seront alors plus portés à faire de même. S'ils te disent « non », propose un marché : « Je te laisse utiliser ma tablette si tu me prêtes ta planche à roulettes ». Si la réponse est toujours négative, devrais-tu dire « Super! Merci beaucoup, tête de nœud! »? Hum, peut-être pas. Essaie plutôt quelque chose comme : « D'accord, merci quand même ». En évitant d'argumenter ou de te plaindre, tu donnes un bon exemple et tu fais preuve de maturité. Continue comme ça : tu obtiendras peut-être un « oui » la prochaine fois.

3. LAISSE-MOI TRANQUILLE !

(Manque d'intimité.)

Tes frères et sœurs sont-ils de véritables « envahisseurs de l'espace » ? (Toujours sur ton territoire et dans ta bulle ?)

Tout le monde a besoin d'intimité. Il est normal de souhaiter te retrouver seul de temps en temps, peu importe que tu sois de bonne ou de mauvaise humeur. La solitude permet de réléchir, de rêver, de relaxer… Tu as peut-être besoin de tranquillité pour faire tes devoirs, pour pratiquer un instrument de musique ou pour t'adonner à certains loisirs. Mais aussitôt que tu as un petit moment pour toi, ton frère entre en trombe, requérant ton attention.

> 66 *Ma sœur et moi, nous avons souvent des disputes. Mais après en avoir parlé avec elle, j'ai réalisé qu'elle se sentait souvent ignorée. Elle avait l'impression que le seul moyen d'obtenir mon attention était de faire des folies. Maintenant, je joue avec elle, même si je dois jouer aux poupées. Je n'aime pas ça, mais je vois qu'elle est contente – et ensuite elle me dérange moins souvent.*
>
> - Garçon, 13 ans - 99

- Quid pro quo -

(Quid pro QUOI ?) *Quid pro quo* est une locution latine qui signifie « quelque chose pour quelque chose » ou « une chose contre une autre ». En résumé, tu donnes quelque chose pour obtenir quelque chose d'autre en retour. Voici comment ça fonctionne : si ton frère te harcèle pour que tu joues avec lui, suggère une entente QPQ : « Je vais jouer une partie avec toi si tu m'accordes ensuite 30 minutes de solitude ».

Serrez-vous la main et partez le chrono!

Plan d'action

Voici un ensemble de « règles de protection de l'intimité » que tu peux mettre en place avec tes frères et sœurs. Vous pouvez même en faire une affiche et l'accrocher quelque part, si vous voulez.

RÈGLES DE PROTECTION DE L'INTIMITÉ

* Respecter les moments de solitude des autres. (Dire « J'ai besoin de temps seul » afin que ce soit clair.)

* Respecter les espaces des autres. (Cogner avant d'entrer. Entrer seulement après avoir été invité.)

* Les journaux, messages textes et courriels sont privés.

* Espionnage interdit.

* Interdit de faire irruption dans la salle de bain (si la porte est fermée, ce n'est pas pour rien!).

4. ET MOI, LÀ-DEDANS ?

(Problèmes liés à la vie sociale des frères et sœurs.)

Une partie du plaisir associé à la vie avec des frères et sœurs est qu'il y a toujours d'autres enfants avec qui jouer ou discuter. C'est bon pour la vie sociale.

Mais qu'arrive-t-il lorsque tes frères et sœurs te considèrent comme un bouche-trou ? (Ils sont amicaux avec toi seulement lorsqu'ils s'ennuient ou lorsqu'ils ont besoin de quelque chose.) Peut-être te laissent-ils tomber dès qu'un autre ami arrive ? Ou alors ils abandonnent vos projets communs aussitôt que quelque chose de mieux se présente ? Est-il possible que le temps passé avec ton frère ou ta sœur ressemble à ceci :

Si tu as envie que ton frère ou ta sœur passe plus de temps avec toi, pose-toi la question suivante :

Déranger, taquiner ou lancer des rumeurs sur les autres ne sont pas de bonnes manières de t'attirer de l'attention positive. Mais il n'est jamais trop tard pour changer. Être ami avec ton frère ou ta sœur implique d'agir comme un ami. Les amis se traitent avec respect.

Vas-y petit à petit. Demande à ton frère de te faire des passes de ballon pendant 20 minutes. Propose à ta sœur de lui vernir les ongles d'orteils ou d'aller promener le chien ensemble. La clé est de trouver une activité qui vous plaît à tous les deux, de la faire pendant une courte période (pour éviter d'éventuellement se tomber sur les nerfs !) et ensuite d'aller chacun de votre côté pendant un petit moment. Après avoir fait une activité ensemble, tu peux dire : « C'était chouette » ou « Merci d'avoir passé du temps avec moi ».

> *Mes parents veulent que je laisse ma petite sœur jouer avec nous quand mes amis viennent à la maison. Mais elle se met à bougonner dès qu'elle n'aime pas ce que nous faisons! Mes amis se fatiguent et ils retournent chez eux!*
>
> - Garçon, 8 ans -

Parfois, passer du temps avec tes frères et sœurs peut sembler une vraie corvée, pire que de laver une montagne de vaisselle ou de brosser les dents du chien. Ce peut être particulièrement difficile si tu as un ami à la maison et que ton père ou ta mère suggère d'inclure ton petit frère dans vos jeux. Dans cette situation, tu pourrais accepter qu'il se joigne à toi pour une certaine période de temps (par exemple, pendant 30 minutes). Choisissez une activité amusante pour trois personnes ou plus. Tu auras peut-être plus de plaisir que prévu, mais sinon — ding! — la limite de temps te permettra de mettre un terme à la situation.

En passant, ceci fonctionne aussi si **TU** es celui qui souhaite être inclus. Demande aux autres de jouer avec toi pendant 30 minutes — et sois bon joueur. Tu seras peut-être même invité à rester!

5. C'EST MON TOUR !

(Les disputes sur les tours de rôle.)

De nos jours, plusieurs familles possèdent des trucs vraiment *cool* — comme des appareils électroniques — et tout le monde souhaite les utiliser. Avez-vous des difficultés à partager, chez toi ? Vous querellez-vous pour obtenir le droit d'utiliser le téléphone en premier ou pour savoir quelle émission écouter à la télévision ? Tu crois peut-être que l'aîné obtient plus de « temps d'écran » ou que peu importe ce que tu souhaites, quelqu'un l'a avant toi ? Que faire ?

SOLUTION ÉCLAIR

- Va à l'extérieur -

Dehors, tu peux courir, sauter, crier, te cacher... Il n'est pas vraiment nécessaire de partager. Si le temps est maussade, tes frères et sœurs et toi pouvez faire une activité qui n'implique pas de partager – dessiner, écouter de la musique, inventer des charades ou trouver deux jeux de cartes pour jouer en solitaire côte à côte.

Plan d'action

Avec l'aide de tes parents, instaurez quelques règles à la maison.

• Faire un horaire pour le partage du temps d'écran (qui peut les utiliser, à quel moment).

• Utiliser un chronomètre pour minuter les délais alloués à chacun.

• Trouver des manières de gagner du temps supplémentaire (par exemple, proposer son aide pour des corvées).

• Faire autre chose que de s'asseoir devant un écran! Organiser des jeux de société en famille, jouer au softball ensemble, aller au parc, danser, faire de l'artisanat.

6. DIS-LUI D'ARRÊTER !

(Il y a trop de taquineries et de batailles.)

Les taquineries existent dans la plupart des familles — et ce n'est pas une mauvaise chose en soi. Il est possible d'agacer gentiment les autres sans que ce soit méchant. Tu fais peut-être des blagues sur le temps que passe ton frère devant le miroir et tu racontes peut-être sans cesse la fois où ta sœur a perdu ses pantalons en sautant sur un trampoline. Ça va, tant que tu laisses les autres te taquiner en retour.

> **"** Je taquine mes sœurs – ça fait partie de la vie ! J'adore leur voler leurs couvertures ou leur donner de petites tapes sur les épaules en prétendant n'avoir rien fait. (« Ce n'est pas moi, c'est Bob le fantôme ! »)
>
> - Garçon, 9 ans - **"**

Cependant, il arrive que les taquineries aillent trop loin. Tes frères et sœurs et toi vous traitez-vous de noms ? Vous bousculez-vous ? Vous moquez-vous de l'apparence ou des vêtements les uns des autres ?

> *Je n'aime pas ça quand mon frère m'appelle « Méga Joues » devant mes amis. C'est très gênant.*
>
> – Garçon, 10 ans –

Vivre ensemble implique de bien se connaître les uns les autres — tu sais donc exactement sur quel bouton appuyer. Tu connais les points sensibles des autres. Tu sais ce qui fait mal. Il est facile d'utiliser cela contre ta sœur ou ton frère lorsque tu es dans le vif du moment, mais tu ne te sentiras probablement pas bien après.

Les commentaires trop rudes font mal, surtout lorsqu'ils viennent d'une personne de la famille. La maison devrait être l'endroit où tu peux être entièrement toi-même. Difficile de relaxer lorsque les méchancetés peuvent commencer à tout moment.

Imagine que ton frère te traite de noms : ta réaction habituelle est-elle de trouver encore pire à lui dire ? Arrive-t-il que vous en arriviez aux coups avant que maman ou papa intervienne ?

La prochaine fois que quelqu'un te taquine d'une manière que tu n'aimes pas, tu peux dire :

« S'il te plaît, arrête de m'énerver. Je n'aime pas ça. »

Ensuite...

- Va-t-en -

Oui, ce sera difficile. Il faudra le faire assez souvent pour que ça devienne un automatisme. Ignore le surnom méchant — et évite de croire que cette critique a un fond de vérité! Quitte la pièce et trouve quelque chose d'amusant à faire. Même si ta sœur te poursuit en te criant des idioties, fais semblant de ne rien entendre. À force d'être ignorée, elle finira par saisir le message.

Plan d'action

Voici une autre stratégie que tu peux essayer. Si tu te fais agacer, réponds par des questions idiotes. Chacune de tes questions peut commencer par les mots qui, quoi, quand, où, pourquoi ou comment. Parle calmement. Voici des exemples.

Perdant!

Qui parle?

Que veux-tu dire?

Pourquoi ça te dérange?

Quand ai-je perdu?

Pourquoi dis-tu cela?

Comment le sais-tu?

Où est-ce arrivé?

Chaque fois que l'autre répond, pose-lui une autre question tirée de la liste. Ne dis rien de méchant, cela ne ferait qu'envenimer la situation. Reste calme et continue à poser des questions. À un moment, il va laisser tomber, voyant que tu ne te mets pas en colère. Demande à tes parents ou à un ami de faire un jeu de rôle avec toi pour t'exercer à utiliser ce genre de conversation en cas de besoin.

7. POURQUOI JE NE PEUX PAS, MOI ?

(Tes frères et sœurs obtiennent davantage de privilèges que toi.)

Une des choses les plus difficiles à vivre avec des frères et sœurs plus âgés, c'est qu'ils seront toujours plus vieux que toi ! On dirait alors qu'ils auront éternellement plus de privilèges. Ton frère ou ta sœur possède peut-être plus de choses, rentre plus tard ou peut faire plus de sorties tout seul. Cela peut sembler injuste, mais un jour tu auras probablement les mêmes privilèges, toi aussi. Bien sûr, l'attente est difficile, mais ton tour viendra !

D'autre part, tes frères et sœurs plus âgés ne nagent pas nécessairement dans la facilité! Être plus vieux correspond généralement à de plus grandes responsabilités, des devoirs plus difficiles, des tâches domestiques plus importantes, des attentes plus élevées de la part des adultes et peut-être même un travail à temps partiel après l'école.

SOLUTION ÉCLAIR

- Fais des demandes -

Tes parents ne réalisent peut-être pas que tu es prêt pour davantage de privilèges (et pour les responsabilités qui les accompagnent). Cela ne fait pas mal de demander ce dont tu as besoin. Assure-toi d'utiliser un ton mature lorsque tu fais ta demande. Évite d'avoir l'air de chigner ou de te plaindre. Voici une manière de le faire : « Papa, peux-tu m'expliquer pourquoi Thomas peut aller plus souvent dehors avec ses amis ? J'ai l'impression que c'est injuste, mais il y a peut-être une raison ».

Tu vieilliras bien assez vite ! Si tu te comportes bien, tu auras droit aux mêmes privilèges que les autres. (On peut même imaginer que tu les auras plus tôt si tes parents jugent que tu es prêt !) Demande à tes parents si tu peux faire quelque chose — comme améliorer tes résultats scolaires ou accomplir davantage de tâches domestiques — pour gagner plus rapidement des privilèges.

8. ELLE EST MEILLEURE QUE MOI !

(La jalousie et la compétition à la maison.)

Admets-le : tu es parfois jaloux de ton frère ou de ta sœur, n'est-ce pas ? C'est parfaitement normal. Tous les frères et sœurs sont jaloux à un moment ou l'autre, même lorsqu'ils sont devenus grands et qu'ils sont censés se comporter comme des adultes. La vérité, c'est que la jalousie montre très souvent le bout de son nez.

Il peut arriver que tu sois jaloux lorsque ton frère reçoit de meilleures notes ou un plus grand nombre de récompenses que toi. Tu envies peut-être la facilité avec laquelle ta sœur se fait des amis et la manière dont elle réussit toujours à convaincre tes parents de lui donner une deuxième part de dessert. Tu as l'impression que tes parents ont des favoris.

Le MONStre
de la jalousie
t'envahit !

Ce monstre a le don de s'inviter et de rôder dans les parages. Chaque fois que tu constates que ton frère reçoit des félicitations ou de l'attention, c'est comme si le monstre te tapait sur l'épaule en disant : « As-tu vu ça ? Tu n'es pas fâché ? ». Pour t'aider, souviens-toi que tes frères et sœurs et toi n'êtes pas en compétition. Tu peux arrêter d'agir comme si c'était le cas.

- Prends une pause de la compétition -

Il est naturel de compétitionner entre frères et sœurs. Il vous arrive peut-être de faire des courses pour savoir qui est le plus rapide ou de jouer à des jeux très compétitifs. Vous faites peut-être aussi des concours de rots (qui répugnent le reste de la famille!). Arrêtez tout cela, au moins pendant un moment, et tentez de couper court à cette habitude de toujours vous comparer. Le monstre de la jalousie peut bien aller jouer ailleurs! Vous pouvez très bien vous adonner à des activités non compétitives comme cuisiner des biscuits ou regarder un film qui vous plaît à tous.

Évidemment, une certaine dose de compétition est tout à fait saine et peut t'encourager à donner le meilleur de toi-même.

Pense aux sœurs Venus et Serena Williams, le « meilleur tandem familial » de l'histoire du sport professionnel. Ces deux sœurs ont commencé à jouer au tennis ensemble à l'âge de cinq ans et elles ont remporté des championnats dans le monde entier. Au fil du temps, elles ont toujours empêché leurs victoires et leurs défaites de les éloigner. Venus, l'aînée, a déjà dit : « J'aime toujours gagner. Mais je suis la grande sœur. Je veux m'assurer que Serena a tout ce qu'il lui faut. Même si cela signifie que je n'ai rien ». Et sa sœur Serena a affirmé : « La famille passe en premier. C'est ce qui importe le plus. Notre affection l'une pour l'autre est beaucoup plus profonde qu'une partie de tennis ».

Le lien avec tes frères et sœurs peut être aussi fort que cela.

> **"** *Je suis parfois un peu jaloux de mon frère parce que j'ai l'impression qu'il passe plus de temps avec notre mère et il est meilleur que moi en mathématiques. Il reçoit aussi plus de cadeaux.*
>
> - Garçon, 8 ans - **"**

Débarrasse-toi du monstre de la jalousie. Félicite tes frères et sœurs lorsqu'ils sont bons dans quelque chose. Ce sera peut-être un peu étrange au début de leur lancer des phrases comme **« Super, continue ! »** ou **« Je suis fier de toi ! »**, mais tu vas t'habituer. Si tu préfères, tu peux t'en tenir à des gestes comme taper dans la main ou montrer ton pouce en l'air. C'est quand même mieux que de se sentir misérable et jaloux ! Tu vas voir, assez rapidement, tes frères et sœurs vont commencer à te féliciter eux aussi.

Lorsqu'ils ont un frère ou une sœur dont les talents et les accomplissements sont vraiment remarquables, certains enfants essaient de découvrir ce dans quoi ils sont bons — ainsi ils peuvent briller, eux aussi. Trouve ce que tu aimes faire et fais-le, juste pour le plaisir. Avec le temps et la pratique, tu vas t'améliorer.

9. JE DOIS TOUT FAIRE !

(Les corvées ne semblent pas partagées de manière équitable.)

Si tu as des frères ou des sœurs plus jeunes que toi, il est possible que leurs tâches soient moins lourdes que les tiennes. Ils laissent peut-être traîner leurs jouets un peu partout sur le plancher. Tu ne les as peut-être jamais vus accomplir des tâches domestiques. Si tu gardes parfois tes frères et sœurs plus jeunes lorsque tes parents ne sont pas là, il est possible que tu n'aies jamais obtenu d'aide de leur part. Ce peut être une grande source de frustation.

En grandissant, on a de plus en plus de responsabilités. Tu apprends, peu à peu, à devenir un adulte. Il n'est pas toujours amusant d'avoir des responsabilités de « grand », mais il peut être fort agréable d'avoir la liberté et les privilèges habituellement réservés aux plus vieux. Et si le fait d'accomplir des corvées supplémentaires ou de faire du gardiennage permet de recevoir un peu d'argent de poche, ce n'est pas négligeable.

Tu as peut-être parfois l'impression d'avoir plus de responsabilités que les autres enfants de ta famille, mais ce n'est probablement pas le cas. Chacun a les responsabilités qui vont avec son âge. Les tâches des plus jeunes sont plus simples, bien sûr. Et tu ne vois peut-être pas toujours tes frères et sœurs travailler, mais cela ne signifie pas qu'ils ne font rien ! Ils sont peut-être plus rapides que toi ! Observe plus attentivement. Demande à tes parents ce qu'ils en pensent.

Une bonne idée serait de réaliser un tableau des corvées. C'est aussi un bon sujet de causerie familiale ! (Va aux pages 71 à 73 pour en savoir plus sur les causeries.)

>> SUPER FRIGO <<

TÂCHES	Dim	Lun	Mar	Mer	Jeu	Ven	Sam
Dresser la **TABLE**	Théo	Maya	LOU	Théo	Maya	Théo	LOU
Aspirateur		LOU			Théo		
Lave-vaisselle	Théo	Maya	LOU	Théo	Maya	LOU	Maya
Ménage chambre	Théo Maya LOU						
Balai cuisine			Maya			LOU	

Appeler
Noah
après
17 h

10. TU N'ES PAS LE PATRON !

(Petits problèmes de communication entre frères et sœurs.)

Ton frère se prend-il pour ton patron ? Toujours en train de te dire quoi faire ou de pointer tes « erreurs » ?

Tes devoirs, monsieur.

Hé, tais-toi.

Tu n'as pas fait ce que papa t'a demandé de faire !

Je suis plus vieux que toi, alors tu as intérêt à m'écouter.

Nous allons regarder MON émission. Reviens-en !

Parce que je l'ai dit, voilà pourquoi.

Tu vas tellement y goûter quand maman va arriver !

Lave mes orteils !*

*Hum. Espérons que tu ne l'as jamais entendue, celle-là !

Te souviens-tu d'avoir lu quelque chose à propos de la manière dont l'ordre des naissances peut affecter la manière dont tu perçois ton rôle dans ta famille ? (Retourne aux pages 20 à 29 si tu as besoin d'un petit rafraîchissement à ce sujet.) Il arrive souvent que les plus vieux se considèrent « en charge » des plus jeunes de la famille. Si tu es le plus jeune, tu peux avoir l'impression d'avoir un « grand méchant patron » (même si tu n'es pas en âge de travailler !).

Soyons clairs : personne n'aime se faire dire quoi faire. Personne n'aime entendre des choses comme :

« Fais-le. Maintenant. Dépêche-toi ! Allez ! J'ai dit MAINTENANT ! »

Quiconque entend ces mots aura tendance à se sentir fâché, triste, effrayé, frustré, blessé, intimidé ou irrité.

Les plus jeunes aussi jouent parfois les grands patrons (pas seulement les aînés) !

Imagine plutôt une demande qui ressemble à ceci :

> Voudrais-tu SVP éteindre la musique ? J'essaie d'étudier. Ce serait beaucoup plus facile pour moi si je pouvais le faire en silence.

Les bonnes manières aident vraiment !

Peu importe que tu sois l'aîné, le cadet ou le benjamin, tu peux initier de nouvelles manières de communiquer dans ta famille. Au lieu de donner des ordres aux autres, essaie de demander.

Poliment.
Avec un sourire.

Petit truc :

dis le prénom de la personne à qui tu fais une demande.
Cela peut aider.

> Dis, Maria, je me demandais, pouvons-nous laver la vaisselle ensemble, ce soir ? Je vais laver, tu vas essuyer. Ou l'inverse. D'accord ?

Si ton frère ou ta sœur commence à te parler sur un ton autoritaire, tu peux répondre ainsi :

> Je le ferai si tu me le demandes POLIMENT.

> Je pense que tu as oublié le mot magique. C'est « S'IL VOUS PLAÎT ».

> Je préférerais que tu me parles GENTIMENT.

Parle calmement et regarde-le dans les yeux.

Il ne répondra peut-être pas de la manière la plus polie qui soit, du moins pas la première fois. Mais si tu persévères, tu devrais avoir un impact… éventuellement.

Plan d'action

Certains mots sont parfois oubliés lorsque la vie va trop vite. Pourtant, utiliser ces mots rend la communication tellement plus facile (et plus polie!). Essaie de les utiliser tous les jours.

TU DIS QUOI?	QUAND?
S'il vous plaît	Lorsque tu veux quelque chose.
Merci	Quand quelqu'un te donne ce que tu veux ou fait ce que tu demandes.
Bienvenue	Lorsque que quelqu'un te dit « merci ».
Excuse-moi	Quand tu accroches quelqu'un, quand tu dois passer ou quand tu dois interrompre quelqu'un qui parle.
Oui, s'il vous plaît	Lorsque tu souhaites avoir ce qui t'est offert.
Non, merci	Lorsque tu ne veux pas ce qui t'est proposé.
Je suis désolé	Quand tu blesses quelqu'un ou lorsque tu fais une erreur.

5 MANIÈRES DE BÂTIR UNE AMITIÉ FORMIDABLE

1. S'ASSEOIR ENSEMBLE

> Tu souhaites une famille plus forte?
>> De meilleures relations avec ta fratrie?
> Une nouvelle manière de faire entendre ta voix?

Les causeries familiales sont l'occasion rêvée de te retrouver face à face avec les membres de ta famille et de travailler ensemble. Demande aux membres de ta famille d'organiser des rencontres d'au moins 15 minutes une fois par semaine pour... (roulement de tambour, SVP) : communiquer!

Dans une causerie familiale, chaque personne a l'occasion de partager ses opinions et ses sentiments. Parles-en d'abord à ton père ou à ta mère, puis utilise les conseils présentés ici.

Établissez des règles de base.

Rendez la participation obligatoire. Tout le monde est présent, chacun a son droit de parole. Éteignez les appareils électroniques (télévision, jeux vidéos, cellulaires), de même que toute source de distraction. La réunion doit toujours se tenir au même endroit et tous les participants doivent être assis. Les taquineries sont interdites.

Décidez de l'ordre du jour.

Les causeries peuvent représenter un bon moment pour parler des conflits dans la fratrie et pour régler des problèmes. Faites la liste des sujets que vous souhaitez aborder. Assurez-vous que chaque personne s'exprime calmement — pas de cris, pas de bouderies. Les parents peuvent intervenir pour s'assurer que tout se passe bien.

Créez une ambiance agréable.

Commencez la réunion sur une note positive en faisant un compliment à chaque personne présente, en racontant des blagues ou en remerciant quelqu'un pour un service rendu. Et pourquoi n'y aurait-il pas une petite collation ?

Assurez-vous que tout le monde s'exprime.

Parlez chacun votre tour et n'interrompez pas les autres. Vous pouvez utiliser un bâton de parole (la personne qui parle est celle qui a l'objet dans ses mains). Ce peut être un microphone (éteint) ou un sabre de lumière (éteint, lui aussi !). Certaines familles fabriquent un chapeau spécial, que porte la personne qui parle. Si vous le souhaitez, le plus jeune peut parler en premier – ou alterner d'une semaine à l'autre.

Réglez une minuterie.

Habituellement, une période de 15 minutes est suffisante pour une causerie en famille, mais vous avez peut-être besoin de plus de temps. Quelle que soit la durée que vous avez déterminée, lorsque la minuterie retentit, c'est fini.

Terminez sur une note agréable.

Faites un petit jeu, lisez une citation inspirante ou joignez vos mains pour nommer une chose pour laquelle vous êtes reconnaissants — bref, faites un geste qui vous permet de vous sentir connectés.

Assurez-vous que les causeries en famille sont à l'agenda à toutes les semaines — même heure, même endroit. Ainsi, tout le monde est de la partie.

2. SE METTRE À LA PLACE DE L'AUTRE

Prends les chaussures de ton frère ou de ta sœur. (Demande la permission d'abord. Et désolé si ça sent bizarre !)

Essaie-les. C'est comment ? Grand, petit, serré, spacieux, étroit, confortable ?

Marche un peu avec ces chaussures. Réfléchis à l'expression « marcher dans les souliers de quelqu'un d'autre », c'est-à-dire essayer de se mettre à la place de quelqu'un d'autre, d'imaginer la vie en adoptant son point de vue.

Pendant que tu portes les souliers de ton frère ou de ta sœur…
réfléchis à la manière dont l'autre voit ou ressent certaines situations.

Le partage des corvées semble-t-il équitable?
Pourquoi?

Comment les membres de la famille me traitent-ils?

Qui a le plus de privilèges et de responsabilités dans
la maison? Pourquoi?

Quand on me taquine, je me sens _____.

Qu'est-ce qui me rend jaloux, triste, en colère?

Ce que je souhaite changer à la maison : _____.

Je fais vraiment des efforts lorsque je _____.

Je sais que mon frère ou ma sœur
m'aime parce que _____.

Cet exercice peut t'aider à voir les autres membres de ta fratrie
sous un jour nouveau. Après avoir marché dans les souliers d'un
autre, pose-toi les questions suivantes.

Qu'est-ce que je fais qui rend les
choses difficiles pour les autres?

Que puis-je faire pour améliorer la situation?

3. SI TU NE PEUX FAIRE FACE À LA MUSIQUE...

Si tu n'aimes pas ce qui se passe, éloigne-toi.

VA-T-EN.
WOUCHE WOUCHE.

Il n'est pas toujours facile de bien s'entendre avec les membres de la fratrie. Vous vous chamaillez peut-être encore — Hé! Ne me touche pas! — et certains jours, rien ne va plus. C'est correct. Prends une pause lorsque tu en as besoin. Le temps passé à l'écart des autres peut t'aider à relaxer et à réfléchir à ce qui se passe.

Considère cela comme appuyer sur le bouton « Reset » (ou bouton de « réinitialisation »).

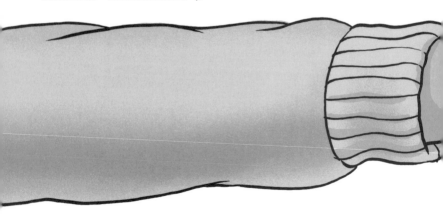

Voici quelques manières de relaxer.

★ Bouge! Fais du vélo, va te balader, danse, cours, nage, fais du karaté, saute à la corde.

★ Adonne-toi à ton loisir préféré ou fais de l'artisanat.

★ Écris dans ton journal personnel.

★ Dessine, peins, invente des bandes dessinées.

★ Joue de la musique ou écoute ta chanson préférée.

★ Manipule de la glaise, sculpte-la, transforme-la.

★ Joue dans le sable ou dans le jardin (demande si c'est correct).

★ Trouve un endroit paisible pour te calmer (sous un arbre, dans un placard, sur un banc de parc).

★ Parle de tes sentiments à quelqu'un en qui tu as confiance.

★ Passe du temps dans la nature.

★ Lis un livre ou un magazine.

★ Caresse ton animal de compagnie.

★ Écris des lettres ou des courriels à des gens que tu aimes.

★ Fais du bénévolat : aider une autre personne est une excellente manière de te sentir bien.

★ Respire profondément. Imagine que ton souffle est comme une vague : il entre par tes orteils et circule dans tout ton corps, jusqu'au-dessus de ta tête. Compte lentement jusqu'à cinq en inspirant ainsi. Expire ensuite en comptant lentement de 5 à 1. Imagine la vague redescendre dans ton corps jusqu'à tes orteils, puis retourner dans la mer. Continue à respirer ainsi pendant quelques minutes — ou aussi longtemps que nécessaire. Si tes respirations sont bien profondes, tu verras ton ventre se gonfler et se dégonfler à chaque respiration.

4. SOIS GENTIL

Si tu souhaites mieux t'entendre avec ton frère (par exemple), essaie ceci. Pendant une semaine, essaie d'être le plus gentil possible avec lui. Même s'il n'est pas gentil avec toi.

Des idées?

- Dis : « Salut », « Bonjour » et « Bonsoir ».

- Demande-lui : « Comment ça va ? » ou « Quoi de neuf ? ».

- Offre-lui ton aide pour réaliser ses tâches.

- Offre-lui au moins un compliment par jour : « Tes cheveux sont *cool!* ».

- Lorsque tu dis aurevoir, ajoute quelque chose comme : « Bonne journée! »

- Si tu remarques qu'il est de mauvaise humeur, au lieu de l'appeler Frankenstein, demande-lui si tout va bien ou si tu peux faire quelque chose pour l'aider.

- Sois encourageant : « Bravo! », « Bon travail! », « Bel essai! ».

- Pendant toute la semaine, évite de le critiquer, de le taquiner ou de te chamailler avec lui. À la fin de la semaine, réfléchis à la manière dont l'expérience s'est déroulée. As-tu noté une différence positive? Si la réponse est oui, tu as peut-être découvert le secret de la bonne entente!

5. RINCER. RÉPÉTER L'OPÉRATION.*

Tu viens de lire toutes sortes de conseils sur la manière de mieux t'entendre avec tes frères et sœurs et de renforcer vos relations. Tu as aussi lu des conseils destinés à améliorer la communication dans la famille. **ET VOILÀ ! TOUT EST RÉGLÉ !** Ta famille est maintenant parfaite et ta fratrie et toi ne vous disputez plus jamais. N'est-ce pas ?

D'accord. Probablement pas.

* Le mode d'emploi qui apparaît sur les bouteilles de shampoing recommande toujours de « laver, rincer, répéter l'opération ». Pourquoi ? Les génies du shampoing doivent penser que tout le monde a les cheveux vraiment sales — ou peut-être veulent-ils seulement vendre plus de shampoing ! Peu importe si tu laves tes cheveux une ou deux fois, réfléchis à cette idée de « répéter ». Comme dans « recommencer ». Et même « recommencer encore et encore ». Répéter une action positive est une forme de pratique. La pratique mène au succès.

Réaliser des changements demande du temps et des efforts. Si tu ne donnes qu'une chance à quelque chose, ne t'attends pas à ce que ça fonctionne exactement comme tu le souhaitais. Une seule causerie familiale, par exemple, ne serait pas suffisante. Et tu devras marcher plus d'une fois dans les souliers de ta sœur (c'est-à-dire envisager les choses de son point de vue). Même si tu as essayé d'être gentil avec ton frère pendant toute une semaine (et que cette semaine est bien terminée!), rien ne t'empêche de répéter l'expérience aussi souvent que nécessaire — jusqu'à ce que la gentillesse devienne une habitude.

Continue d'essayer. Ne laisse pas tomber. Et n'hésite pas à demander à tes parents ou à un adulte de confiance de t'encourager.

SERREZ-VOUS LES COUDES !

(CRÉER DES LIENS ENTRE FRÈRES ET SŒURS)

> *C'est chouette d'avoir un grand frère : il me tient compagnie, il joue avec moi et, comme il a un degré d'avance sur moi à l'école, il me dit quels profs sont gentils et à quoi m'attendre.*
>
> - Fille, 9 ans -

> *Ce qui est bien dans le fait d'avoir une sœur, c'est qu'il y a toujours quelqu'un avec qui jouer à la maison.*
>
> - Garçon, 11 ans -

" *J'aime mon frère. Ma vie ne serait pas la même sans lui. Il est drôle, bizarre et vraiment étrange! Il me fait beaucoup rire.*

- Fille, 10 ans - **"**

" *Mes sœurs sont au secondaire et je suis toujours au primaire. Elles me parlent beaucoup de leur école, alors je suis moins stressée à l'idée de commencer le secondaire l'an prochain.*

- Fille, 13 ans - **"**

BÂTIR UNE MEILLEURE RELATION

Une des clés pour bâtir une relation forte est de passer du temps ensemble. Facile, n'est-ce pas ? (Tu as peut-être parfois l'impression qu'il est impossible de NE PAS passer de temps ensemble, en fait !) Pourtant, si vous passez tout votre temps à regarder la télévision ensemble ou à vous chamailler sur la banquette arrière de la voiture, cela n'aide pas beaucoup à renforcer votre relation. Essayez plutôt de passer du **TEMPS DE QUALITÉ (TQ)** ensemble.

Qu'est-ce que le TQ ? C'est du temps passé à avoir du plaisir, à apprendre à mieux se connaître, à s'aider, à rire et à se sentir encore plus proches que des amis. Partager des expériences et des projets sont de bonnes manières d'établir ce genre de lien.

Partager des expériences

- Cuisinez ensemble pour votre famille, inventez de nouvelles recettes, créez des sundaes extravagants ou des pizzas originales.

- Instaurez de nouveaux sujets de conversation : à quoi as-tu rêvé la nuit dernière ? Si tu pouvais être un personnage de roman, lequel serais-tu et pourquoi ? Si tu étais un super héros, quel pouvoir voudrais-tu posséder ? Quelle est la chose la plus étrange qui te soit arrivée ?

- Faites des sorties amusantes en famille : jouez au minigolf, allez dans un parc aquatique, une réserve faunique ou un musée, allez assister à un concert en plein air… n'importe quoi qui vous permet de sortir de la maison et d'explorer.

- Organisez un événement extérieur pour votre famille et vos amis : une partie de balle molle ou de soccer, un pique-nique, une bataille de ballounes d'eau, un tournoi de badminton, une course à obstacles ou des épreuves rigolotes.

- Amusez-vous à faire du karaoke et des concours de danse ou de limbo.

15 minutes de TQ par jour peuvent aider à améliorer votre relation.

Conseil pour se sentir bien ENSEMBLE

Dis « Je t' ♥ »

Comment est-ce dans ta famille? Les mots d'amour et les câlins sont-ils fréquents? Vous dites-vous souvent « Je t'aime »? Dans certaines familles, ces trois petits mots peuvent être bien difficiles à prononcer. Et les marques d'affection se font parfois rares lorsque la vie va trop vite. Montrez-vous que vous vous aimez en vous faisant des câlins de temps en temps, en terminant vos courriels par « je t'aime gros comme ça! » ou en vous faisant des gestes amicaux (« Tope là! »).

Partager des projets

- Si vous partagez la même chambre, parlez avec vos parents de la possibilité de décider vous-mêmes de l'utilisation de l'espace, de la manière de le décorer et de vos idées quant aux façons de créer des espaces privés dans l'espace commun. Travailler ensemble sur ce genre de projet vous permettra de mieux vous connaître, mais aussi de planifier, de rêver et de créer quelque chose qui va demeurer longtemps.

- Construisez quelque chose ensemble. N'importe quoi! Une ville en Lego, un chalet dans la cour arrière, un volcan en terre cuite, une cabane pour les oiseaux, un fort ou un château de sable géant.

- Organisez une chasse aux trésors. Faites une liste de trucs bizarres, étranges ou dégoûtants qu'il faudra tenter de trouver à l'extérieur, photocopiez la liste (une copie par membre de la fratrie) et sortez. Voici quelques idées pour vous aider à démarrer : un bâtonnet de sucette glacée, un morceau d'écorce, un caillou à deux couleurs (ou un caillou lisse, ou pointu), un pissenlit, un déchet (ou deux, ou cinq), un insecte mort, un insecte vivant, un chaton abandonné, un clou ou une vis, une balle. Vous pouvez utiliser un appareil photo ou un téléphone cellulaire pour photographier les items de la liste — le cas échéant, il est possible d'ajouter des items qu'il est impossible de transporter, comme un oiseau dans un arbre ou une clôture blanche.

- Bâtissez une petite entreprise ensemble : kiosque de limonade, fabrication et vente de bracelets, gardiennage d'enfants, gardiennage d'animaux, promenade d'animaux, tonte de pelouse. Fabriquez un feuillet pour annoncer vos services. L'argent que vous gagnerez pourra être utilisé pour acheter quelque chose que vous voulez tous les deux : des billets de concert ou une console de jeux vidéo. Vous pouvez même décider de donner vos profits à une cause qui vous tient à cœur.

- Écrivez des pièces et des comédies musicales ensemble, créez des costumes, construisez les décors et amusez-vous! Invitez les voisins à assister à votre production ou filmez-vous!

Conseil pour se sentir bien ENSEMBLE

Célébrez votre famille !

Vous pouvez écrire un poème amusant sur votre famille, inventer un cri de rassemblement familial, une poignée de main secrète ou une devise juste à vous. (Une devise est une phrase qui vous représente bien.) Vous pouvez aussi créer des quiz ou vous poser des questions comme « Quels sont tes plus vieux souvenirs ? » ou « Si tu pouvais dîner avec une célébrité, morte ou vivante, qui choisirais-tu et pourquoi ? ». De telles activités permettent de voir ce que votre famille possède d'unique et de vous rapprocher.

CRÉER DES LIENS AVEC LES PLUS JEUNES DE LA FAMILLE

Il y a bien des avantages à être l'aîné. Tu as probablement davantage de privilèges, comme une heure de coucher plus tardive ou une deuxième portion d'épinards au souper (tu adores ça!). Les plus jeunes de la famille t'admirent. Tu peux leur enseigner ce que tu sais, ce qui te permet de montrer tes trucs. Voici quelques idées pour devenir un grand frère ou une grande sœur vraiment *cool*.

1. **Félicite et encourage les plus jeunes.** Dis : « Bon travail! » lorsque tu remarques qu'ils font des efforts. Cela les aidera à se sentir mieux et ils tenteront probablement de trouver d'autres manières de t'impressionner. Tu leur enseigneras ainsi des manières positives de recevoir ton attention (ce qui signifie qu'ils auront moins tendance à te déranger ou à t'agacer à d'autres moments)!

2. **Exerce-toi à formuler des demandes, non à donner des ordres.** Ton père ou ta mère te demande peut-être de t'occuper de tes frères et sœurs plus jeunes de temps en temps. Tu dois peut-être t'assurer qu'ils s'acquittent de leurs corvées, qu'ils mangent santé ou qu'ils terminent leurs devoirs. Si tu dois jouer le rôle du leader, assure-toi de demeurer poli. Fais gentiment tes demandes. Par exemple : « Jade, pourrais-tu ramasser tes jouets, SVP? » Si ton frère ou ta sœur obéit, souris et dis merci.

3. **Donne-leur de ton temps.** Les enfants plus jeunes aiment passer du temps à jouer, à parler et à regarder leurs aînés (pour ensuite les imiter). Même si c'est parfois agaçant d'avoir un petit « chien de poche » qui te suit partout, tu dois admettre qu'il peut être agréable de savoir qu'un plus jeune te trouve aussi *cool*! Laisse-le te regarder lancer le ballon au panier, « t'aider » dans tes devoirs ou te suivre partout pendant que tu accomplis tes tâches ménagères. Ce peut être amusant d'avoir quelqu'un pour te tenir compagnie.

Conseil pour se sentir bien ENSEMBLE

Offre ton soutien

Assiste aux parties de soccer de ta sœur, aux récitals de ton frère ou à tout autre événement auxquels ils participent. Encourage-les, tape des mains, siffle, fais tout pour montrer ton appui. Sois encourageant aussi à la maison et demande-leur de te parler de leur journée. En tant qu'aîné, tu as la chance d'offrir une oreille attentive et d'être un Grand Conseiller.

4. **Fais ce qu'ils aiment.** Ainsi, ta sœur adore jouer à la ferme et ton frère est incapable de parler d'autre chose que de son robot jouet – cela t'ennuie à mort ! Essaie de mettre tes sentiments de côté de temps en temps et de participer à leurs activités, même si elles te semblent vraiment ennuyantes ou trop jeunes pour toi. Tes frères et sœurs adoreront bénéficier de ton attention (et tu peux utiliser celle-ci comme une forme de récompense : « Je vais jouer avec toi si tu m'aides à ranger la cuisine d'abord ! »).

5. **Laisse-les faire des erreurs.** Il est chouette d'enseigner de nouvelles aptitudes à des enfants plus jeunes, mais souviens-toi qu'il est également important d'être une bonne source de motivation pour eux. Plusieurs essais pourraient être nécessaires — et ils feront probablement plusieurs erreurs avant de réussir. Sois patient. Demeure encourageant. Laisse-les faire leurs essais. C'est de cette manière qu'ils pourront apprendre et grandir.

LE SAVAIS-TU

Au golf, on attribue un handicap aux joueurs, c'est-à-dire qu'on ajuste leur score selon leur niveau d'habileté. De cette manière, les joueurs ont des chances égales de gagner. Quel est le lien avec les relations dans la fratrie? Il y en a plusieurs!

Tu es peut-être plus habile dans certains jeux ou sports que ton frère ou ta sœur plus jeune, mais vous souhaitez quand même jouer ensemble et avoir du plaisir. Si c'est le cas, vous pourriez accorder un facteur de handicap au plus jeune afin que les chances soient plus équitables. Par exemple :

- Si c'est un avantage de commencer la partie, vous pouvez décider que c'est le plus jeune qui commence.

- Si vous jouez à un jeu de table, laisse-le avancer de quelques cases avant le début de la partie.

- Dans les sports, sers-toi de ta main la moins habile ou accordez des points au plus jeune simplement pour s'être amélioré.

- Ne sois pas trop strict sur les règles du jeu. Surtout si ton frère ou ta sœur a l'air frustré. Après tout, si tu gagnes toujours, où est le plaisir?

QUESTION : Quelle est la meilleure réaction à adopter quand tu gagnes une partie contre ton frère ou ta sœur?

A. Dire : Ha ha! T'es poche!

B. Sauter sur la table et faire la danse du poulet funky en chantant : Je suis le champion!

C. Féliciter l'autre pour sa belle partie et lui offrir des conseils pour l'aider à s'améliorer.

RÉPONSE : C, bien sûr. Tu vois comme tu es gentil!

CRÉER DES LIENS AVEC LES FRÈRES ET SŒURS PLUS ÂGÉS

Si tu es le plus jeune de la famille, il est possible que tu te sentes parfois délaissé ou mis de côté. Peut-être aimerais-tu passer plus de temps avec ton aîné, mais on dirait qu'il est toujours occupé ou qu'il croit que tu lui casses les pieds. Il te trouve gâté. Il a l'impression que tu ne fais pas ta juste part dans la maison. Si tu souhaites être considéré comme un super jeune frère (ou une super jeune sœur !), essaie ce qui suit.

1. **Respecte son intimité.** Ne le dérange pas si tu sais qu'il préfère rester seul. (Les ados ont besoin de plus d'intimité que les plus jeunes et ton frère ado sera probablement agacé si tu ne respecte pas ça.) N'entre pas dans sa chambre sans cogner ou sans permission.

2. **Respecte ses moments de tranquillité.** Les plus vieux ont souvent besoin de plus de temps pour faire leurs devoirs (ils en ont beaucoup plus !). Essaie de ne pas interrompre ton aîné pendant qu'il fait ses devoirs, quand il pratique un instrument ou lorsqu'il travaille sur quelque chose qui requiert toute son attention.

3. **Demande gentiment, sans pleurnicher.** Si veux jouer ou sortir avec ton frère ou ta sœur, demande-lui poliment de t'accorder 20 minutes de son temps. Évite de répéter « Joue avec moi ! Joue avec moi ! Maman a dit que tu étais obligé ! ». Essaie plutôt ceci : « Voudrais-tu jouer aux échecs avec moi ? Disons pendant 20 minutes ? ». Sois bon joueur, aussi.

4. **Montre ton appréciation.** Si ton frère ou ta sœur aîné t'a offert son aide ou t'a accordé une faveur, n'oublie pas de dire merci. Ton aîné se sentira bien si tu lui fais voir ton appréciation. Tu peux aussi lui fabriquer une carte de remerciement.

5. **Ne sois pas trop dépendant de ton aîné.** Grandir, c'est aussi se faire des amis et apprendre à trouver ta propre voie dans la vie. Si tu as des amis de ton âge à l'école ou dans ton quartier, tu te sentiras moins seul lorsque ton aîné sera occupé. Il est aussi très important que tu te sentes bien lorsque tu te retrouves tout seul : accorde-toi chaque jour des moments de relaxation, de tranquillité et de jeu en solitaire.

6. **Demande conseil.** Si tu as l'impression d'être mis de côté à la maison, parles-en à ton père, à ta mère ou à un adulte en qui tu as confiance. Tu peux lui confier que tu te sens parfois seul ou que tu aimerais obtenir davantage d'attention de la part de ton frère ou de ta sœur. L'adulte pourra certainement t'offrir quelques conseils.

Conseil pour se sentir bien ENSEMBLE

Souriez à la caméra!

Prenez des photos amusantes de vous en train de faire des folies (costumez-vous de manière bizarre et faites semblant de jouer de la guitare, faites des grimaces impossibles, photographiez-vous pendant que vous êtes encore tout endormis ou en train de vous arroser). Demandez à vos parents d'immortaliser vos moments de complicité. Vous aurez ainsi des souvenirs de ces beaux moments.

Passez ensuite du temps en famille pour placer les photos dans des albums ou pour faire des montages à l'ordinateur. Il peut être amusant d'imprimer des doubles des photos afin d'en disperser quelques-unes dans la maison. Mets-les sur le frigo ou, si tu as des talents en bricolage, fabrique des cadres décoratifs ou découpe les têtes et les corps sur les photos pour faire des collages amusants.

SOIS BON JOUEUR

As-tu déjà remarqué ce qui arrive parfois quand des frères et sœurs jouent ensemble? C'est le festival des cris, des hurlements et — OUCH! — des coups. L'esprit sportif en prend pour son rhume!

Si tous vos jeux se terminent en dispute ou en bagarre, il pourrait être utile de vous donner comme objectif d'être de bons joueurs.

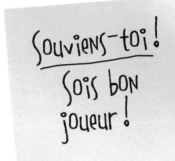

Voici 10 conseils pratiques pour ta famille.

1. Choisissez des jeux où tous ont des chances égales de gagner. Si le jeu demande des habiletés qu'un des joueurs n'a pas, choisissez un autre jeu.

2. Si vous avez du mal à être d'accord quant au jeu à privilégier, décidez chacun votre tour. (Pile ou face?)

3. Établissez des tours de rôle pour déterminer qui sera le premier à jouer, surtout pour les jeux où les tours sont longs (comme les jeux vidéo). Si tu as joué en premier la dernière fois, laisse l'autre commencer cette fois-ci.

4. Encourage l'autre joueur. Si ta sœur réussit un bon coup, dis-le-lui! Mais si son coup est ordinaire, ne lui lance pas en plein visage. Tu peux dire : « Bel essai » ou « Pas possible, tu t'es fait damer le pion! ». Quand on se montre encourageant, il est beaucoup plus amusant de jouer ensemble.

5. Si ton frère ou ta sœur semble vraiment contrarié par le jeu, va l'aider. (Demande-lui d'abord si il ou elle veut de l'aide!) Parfois, il suffit de quelques conseils ou d'un petit coup de pouce pour que le jeu reprenne.

6. Si tu gagnes la partie, ne taquine pas ceux qui ont perdu. Ne commence pas à parader autour d'eux en les narguant. Dis simplement quelque chose comme « Belle partie! Tu gagneras peut-être la prochaine fois! ».

7. Si tu perds la partie, félicite celui qui a gagné. Un petit mot comme « Bravo » ou « Tu as vraiment bien joué » lui fera comprendre que tu n'es pas de mauvaise humeur.

8. Si vous vous êtes adonné à une activité sportive, serre la main ou échange un « high five » avec ton adversaire pour prouver ton bel esprit d'équipe.

9. Ne triche pas. Tricher est injuste. Et ce n'est pas *cool*. Personne ne veut jouer avec quelqu'un qui ne respecte pas les règles.

10. Souviens-toi, le but du jeu est d'avoir du plaisir. Alors, amuse-toi! Qu'importe de perdre ou de gagner? Fais de ton mieux, apprends de tes erreurs et rappelle-toi que dans la plupart des jeux, c'est la chance qui fait pencher la balance. Si tu as perdu, meilleure chance la prochaine fois!

Conseil pour se sentir bien ENSEMBLE

Faites la fête !

Un soir de fin de semaine, organisez une soirée pyjama pour frères et sœurs seulement. Sortez les sacs de couchage, dormez dans le même lit ou construisez un fort à l'aide de meubles et de couvertures. Si vous possédez une tente, vous pouvez peut-être dormir dans la cour arrière (à condition que vos parents soient d'accord). Préparez ensemble vos plats favoris. Choisissez une activité qui vous aide à renforcer vos liens comme raconter des histoires de fantômes, jouer à Ouija, pratiquer vos mouvements de danse, regarder des vidéos familiales, jouer à l'extérieur ou vous adonner à vos jeux de société préférés.

TU FAIS PARTIE D'UNE FAMILLE RECOMPOSÉE ?

Des millions d'enfants ont des parents divorcés. Plusieurs de ces parents trouvent de nouveaux partenaires avec qui ils se remarient ou déménagent. Ce peut être chouette, si tu aimes la nouvelle personne. Mais bien s'entendre avec les enfants de ton beau-parent peut représenter tout un défi.

Peut-être étais-tu habitué à être l'aîné de la famille, avec tous les privilèges que cela implique. Soudain, un grand frère par alliance arrive et tu n'es plus « au sommet ». Si tu es plutôt le plus jeune et que tu apprécies toute l'attention que tu reçois, il peut être difficile de voir un plus jeune que toi arriver. Qu'arrive-t-il si ton parent a un enfant avec son nouveau conjoint ? Ce peut être difficile, surtout au début.

Évidemment, les familles recomposées présentent aussi plusieurs avantages. Tu auras peut-être un frère ou une sœur de ton âge, avec qui tu partageras plusieurs intérêts et activités. Tu auras peut-être enfin le grand frère que tu as toujours voulu ou la petite sœur dont tu as rêvé. Il pourrait même arriver que ton nouveau frère et toi deveniez les meilleurs amis du monde ! Et si un nouveau bébé se pointe le bout du nez, tu auras peut-être bien du plaisir à donner un coup de main.

Souviens-toi bien de ceci : c'est toi qui décides de la manière dont tu vas gérer tes relations avec les membres de ta famille. Voici quelques idées pour t'aider à mieux t'entendre avec tes nouveaux frères et sœurs par alliance.

- Donne-leur une chance. Après tout, ils se sentent probablement de la même manière que toi. Il faut du temps pour bien se connaître et pour comprendre comment se comporter les uns avec les autres.

- Demande-leur ce qu'ils aiment faire pour s'amuser. Peut-être partagez-vous les mêmes intérêts ? Si non, ils peuvent certainement t'enseigner quelque chose de nouveau.

- Demande-leur conseil lorsque tu as un problème. Ils se sentiront ainsi plus proches de toi et cela vous aidera à mieux vous connaître.

- S'ils vont à la même école que toi, offre-leur de leur faire visiter les lieux et de les présenter à tes amis.

- Donne-leur une chance de mieux connaître ton père ou ta mère. Il peut être difficile pour eux de s'habituer à un nouveau parent, surtout si tu as tendance à être jaloux ou à montrer beaucoup de frustration.

- Offre ton aide avec le nouveau bébé. Cela te donnera l'occasion de créer un lien avec lui et de montrer à ton beau-parent que tu essaies d'accepter les changements qui ont eu lieu dans la famille.

Si des problèmes surviennent, inutile de te plaindre. Essaie plutôt d'arranger les choses. Ce livre présente plusieurs idées qui peuvent aider à améliorer la situation. Parle avec tes parents de ce qui ne va pas. Demande du soutien. Et si ton frère ou ta sœur te rend la vie vraiment impossible ou s'il te blesse d'une manière ou d'une autre, dis-le à un adulte en qui tu as confiance. Tu dois te sentir en sécurité.

TON FRÈRE OU TA SŒUR A DES BESOINS PARTICULIERS ?

Il arrive que certains enfants aient des problèmes particuliers (parfois appelés des « handicaps » ou des « troubles ») qui leur rendent la vie plus difficile (et à toi aussi). Un membre de ta fratrie a peut-être un handicap physique, un trouble d'apprentissage, d'attention ou d'hyperactivité ou un problème de comportement. Il se sent peut-être souvent triste ou encore il a du mal à établir des relations interpersonnelles. Cela n'est facile pour personne dans la famille. Le jeune concerné travaille fort, ton père et ta mère doivent relever plus de défis que les autres parents et toi, en tant que frère ou sœur d'un enfant à besoin particulier, tu te trouves au beau milieu de tout ça.

Dans ce genre de situation, la vie familiale peut parfois être stressante. Ton frère ou ta sœur n'est peut-être pas capable de bien jouer avec toi, de s'acquitter des tâches ménagères, de gérer les émotions fortes ou de participer « normalement » à la vie familiale. Les familles ont alors à s'ajuster à une nouvelle « normalité » — et cela peut être une très bonne chose ! Parfois, le fait d'avoir un enfant à besoins particuliers dans une famille permet à tous les membres de se sentir très proches, car ils partagent de nombreux défis.

Peu importe à quel point tu aimes ton frère ou ta sœur, il est certain que tu te sentiras parfois jaloux, frustré, embarrassé ou ignoré. Tu seras peut-être fâché de le voir obtenir davantage d'attention de la part d'un de tes parents ou de constater les réactions que ses comportements suscitent chez les gens. Parfois, tu devras prendre soin de lui — et cela représente beaucoup de responsabilités. Tu devras en assumer davantage que les autres enfants de ton âge. Mais avec l'aide de tes parents, de tes enseignants ou d'un intervenant à qui tu pourras parler de tes sentiments, tu auras le soutien nécessaire pour demeurer fort.

Avoir un frère ou une sœur qui a des besoins particuliers te permet d'apprendre très jeune les choses de la vie. Tu fais peut-être preuve de plus de maturité que tes amis. Tu peux être plus sensible et compréhensif à l'égard des autres. Tu rencontres probablement d'autres familles qui vivent avec des enfants différents. Tu sais que « différent » ne signifie pas « pire ». Parfois, ce qui rend les gens différents est aussi ce qui les amène à être plus créatifs, gentils, amusants, intenses, honnêtes ou astucieux. Ces différences font ressortir leurs forces personnelles.

ENCORE UNE CHOSE...

En lisant ce livre, tu as fait un grand pas pour devenir un meilleur frère ou une meilleure sœur. Tu as déjà appris beaucoup, mais voici une dernière question pour toi.

Les relations entre frères et sœurs, c'est...

A. Une belle occasion d'inventer toutes sortes d'insultes originales

B. Une bonne manière d'apprendre à mieux s'entendre avec les autres

C. Souvent aussi sauvage qu'une bataille d'aligators

D. Parfois aussi amusant qu'une soirée passée dans un buffet à volonté

E. Pour la vie

F. L'ensemble de ces réponses

RÉPONSE : La réponse est F, bien sûr. F, comme dans eFForts. La qualité de ta relation avec tes frères et sœurs dépendra inévitablement de la manière dont tu t'y investiras.

Fin

MESSAGE AUX PARENTS ET AUTRES ACCOMPAGNATEURS

Les conflits entre frères et sœurs sont l'objet des plaintes les plus fréquentes chez les parents, qui se demandent souvent ce qu'ils ont bien pu faire de mal et s'ils vont un jour se sortir de cette situation. Il leur semble que peu importe ce qu'ils font, il y a toujours un enfant qui est en colère ou qui a l'impression de ne pas être aimé. Même si les enfants affirment souhaiter être traités de la même manière que leurs frères et sœurs, au fond, chaque enfant désire secrètement être le favori.

Les membres de la fratrie se disputent. C'est parfaitement normal. Ils sont en désaccord, ils compétitionnent, ils se taquinent les uns les autres. Le travail du parent est de laisser les enfants se débrouiller seuls aussi souvent que possible, de leur offrir des suggestions pour résoudre leurs problèmes lorsque la situation l'exige et de les féliciter lorsqu'ils arrivent eux-mêmes à résoudre leurs conflits.

Être un bon modèle est également important, cela va de soi. Les enfants apprennent en regardant comment les adultes gèrent leur colère et leurs conflits. Enseignez la compassion si vous souhaitez voir vos enfants en faire preuve à l'égard des autres.

Voici d'autres conseils :

- Faites cesser les disputes avant même qu'elles ne commencent. Le moment qui précède les repas, par exemple, voit souvent naître des conflits entre les enfants. Si vous séparez les enfants lorsqu'ils sont affamés, en colère ou fatigués, vous préviendrez bien des batailles! Il peut aussi être utile d'établir un horaire pour le partage de certains items comme la télévision, l'ordinateur ou les jeux vidéo.

- Accordez un peu de temps exclusif à chaque enfant ou laissez-leur à chacun du temps seul à seul avec un ami. Trop de temps passé tous ensemble peut être difficile. Ne vous attendez pas à ce qu'ils interagissent positivement pendant plusieurs heures de suite. Si vous leur donnez davantage d'attention pendant une dispute, même si c'est de l'attention négative, vous vous retrouverez à récompenser leurs comportements indésirables. Félicitez-les plutôt lorsqu'ils s'entendent bien.

- Évitez d'étiqueter les enfants. Référer à un enfant comme étant « le gentil » ou « la prunelle de mes yeux » et à un autre en l'appelant « le petit démon » ou « l'épine dans le pied » entraînera de la compétition et des conflits entre les enfants en plus d'affaiblir leur estime personnelle.

Lorsque les conflits surviennent

Tentez autant que possible de garder une distance avec les conflits de vos enfants. C'est difficile, surtout si vous avez l'impression qu'il y en a un qui a le dessus. Mais si vous intervenez trop rapidement, vous leur dites implicitement qu'ils ne sont pas capables de résoudre eux-mêmes leurs différends et qu'ils doivent se fier à vous pour ce faire. Ils n'apprendront pas à se débrouiller seuls.

Intervenez seulement lorsque vous avez l'impression que vos enfants sont incapables de surmonter efficacement leurs désaccords ou si vous avez l'impression que l'un d'entre eux est dépassé ou qu'il va perdre son calme. Mais vous devez agir comme un entraîneur (un coach), non comme un « solutionneur de conflits ». Écoutez leurs points de vue et demandez-leur de proposer des solutions. S'ils sont bloqués, proposez quelques avenues de solutions vous aussi. Félicitez-les lorsqu'ils agissent de manière constructive.

Lorsqu'une aide professionnelle est requise

La plupart des conflits entre frères et sœurs sont normaux et vont se résorber avec le temps. Si vos enfants s'entendent bien la plupart du temps, ça devrait aller. Mais si vous constatez qu'un des enfants intimide l'autre, que des batailles éclatent et que les activités familiales sont souvent ruinées, ou encore que l'estime de soi d'un des jeunes est sérieusement compromise, envisagez de consulter. Demandez à un enseignant, à un intervenant ou à un professionnel de la santé de vous référer à un professionnel qui travaille avec des enfants. La thérapie familiale peut également s'avérer une excellente occasion pour les jeunes (et pour les parents) d'acquérir de nouvelles stratégies d'adaptation.

À PROPOS DES AUTEURS

James J. Crist, Ph. D., est psychologue pour enfants. Il s'intéresse surtout au TDAH, à la dépression et aux troubles anxieux. Il est directeur clinique et psychologue dans une clinique familiale en Virginie (États-Unis).

Elizabeth Verdick est auteure de livres pour enfants et éditrice. Elle vit au Minnesota avec son mari et leurs deux enfants.

CHEZ LE MÊME ÉDITEUR

 **Grrr ! Comment surmonter ta colère :** Guide pratique pour enfants colériques

Elizabeth Verdick et Marjorie Lisovskis

 **Non à l'intimidation :** J'apprends à m'affirmer

Nancy Doyon

 **N'agis pas en Cro-Magnon :** trucs et astuces pour cultiver des comportements gagnants

Elizabeth Verdick

 **Champion de l'organisation :** trucs et astuces pour mieux t'y retrouver à l'école et à la maison

Janet S. Fox

 **Guide de survie pour les enfants vivant avec un TDAH**

John F. Taylor, Ph. D.

... et plusieurs autres découvertes :

www.miditrente.ca

ACHEVÉ D'IMPRIMER
en mars 2015 sur les presses de
Marquis Imprimeur (Montmagny, Québec)

© ÉDITIONS MIDI TRENTE inc.
www.miditrente.ca